LÉANDRE

MARIÉ, BATTU ET CONTENT,

OU

Quitte pour la Peur.

PANTOMIME BOURGEOISE EN UN ACTE,

Par Jules CHOUX.

PERSONNAGES :

Cassandre, *Père de Colombine.* — Vieillard stupide mais avare. — Inutilité indispensable.

Colombine, *sa fille.* — Elle est gentille comme tout : bonne fille, amoureuse comme une chatte anglaise, mais difficile. — Pas du tout bégueule.

Pierrot, *Valet de Cassandre.* — Il a tous les défauts ignare, voleur, curieux, paresseux, va-de-la-gueule, etc., etc.

Le beau Léandre, Fat, laid, sot et ridicule. Il est le mari de Colombine et porte un chapeau *à cornes.*

Polichinelle, *son valet* — Ivrogne, tapageur, rempli de qualités, d'esprit et de malice, mais gueux à pendre

Arlequin, *Amoureux de Colombine.* — Homme intelligent, bon comme du bon pain, et bien à plaindre.

2 Garçons d'auberge, un Factionnaire, la Garde (trois hommes et un caporal), Gens de la Noce, Paysans, Paysannes, etc.

La place principale du village de n'importe où, (pays de la pantomime). — *Au fond la maison de Cassandre, ayant premier avec balcon.* — *A droite un bâtiment sombre avec fenêtre grillée au-dessous de laquelle on lit :* **Prison.** — *Guérite devant la prison ; une lanterne au-dessus de la guérite.* — *A gauche, une auberge, escabeaux, etc... Une table avec tout ce qu'il faut... pour manger.*

LÉANDRE MARIÉ, BATTU ET CONTENT,

PANTOMIME.

SCÈNE 1re.

Huit heures du soir ; — il fait encore jour.

Cassandre, l'un des plus gros bourgeois du pays, a marié sa fille le matin. On a bien déjeûné, bien dîné, bien soupé et on finit de danser.

Sur l'air : « *allez-vous-en gens de la noce* » arrivent Léandre et Colombine, celle-ci parée du bouquet de fleurs d'oranger.

Une foule d'invités des deux sexes ont voulu accompagner les mariés jusque chez Cassandre.

Ce bon père se frotte les mains avec satisfaction.— Il a fait une fameuse affaire : — Il s'est débarrassé de sa fille !

Colombine, elle, ne partage pas son avis.

De temps en temps elle pousse des soupirs mélancoliques, qui font peu augurer de l'amour qu'elle ressent pour son mari.

Léandre radieux, reçoit les vœux et les compliments de tout le monde.

Après le coup de l'étrier, on congédie la société.

Cette pauvre Colombine a décidement le cœur gros.

Les invités partis, Léandre offre la main à son adorable épouse pour la faire entrer chez lui..... *chez elle !*

La pauvre fille hésite, puis, tout-à-coup, sa douleur éclate en sanglots : — elle a peur de son mari.

Celui-ci, pour la rassurer, fait l'aimable. Il prend la taille de Colombine et veut l'entraîner ; — elle lui échappe.— Il recommence.

Elle lui flanque un soufflet que Cassandre reçoit en voulant intervenir.

Le laid père et beau-père demande à Colombine ce que cela veut dire.

— Laissez-moi tranquille ! répond-elle.

— Ma fille.. vous oubliez que je suis votre père.

— Non !

— Comment, non ? Donnez-moi la main.

Non !— Cassandre lève sa canne... il va frapper... Léandre qui veut le retenir reçoit le coup.

Colombine laisse prendre sa main, mais voyant que son père va la joindre à celle de Léandre, elle la retire vivement.

— Ah ! mais ! — fait Cassandre furieux.— Allons la main.

Colombine tremblante lui donne sa main, qu'il met dans celle de Léandre.

— C'est bien..... la paix est faite... embrassez-vous.

Et Léandre va obéir... sa douce campagne lui applique un second et vigoureux soufflet, puis, se sauve dans la maison.— Léandre qui veut la suivre, reçoit la porte sur le nez.

Il revient très mécontent et se tenant la joue.

— Caprices d'enfant, dit Cassandre d'un air malin, cela ne durera pas.

— Oh ! non, ajoute Léandre (geste de bâtonner), j'y mettrai bon ordre.

Et gendre et beau-père rentrent à la maison.

SCÈNE II.

Arrivent alors, saoûls comme quelqu'un *qu'à l' moyen*, Pierrot et Polichinelle.

Ils s'étayent, de leur mieux, l'un sur l'autre et paraissent les meilleurs amis du monde.

Ils causent ensemble, c'est-à-dire qu'ils bavardent en même temps sans s'écouter, riant sans raison et chacun pour soi.

Arrivés sur le devant de la scène, ils se regardent.

— « *Avons-nous ri à c'te noce !* »

— Ce bon Pierrot ! dit Polichinelle très ému.

— Ce cher Polichinello ! fait Pierrot, en serrant la main de celui-ci, qui lui rend la pareille.

— Embrassons-nous.

Et ils tombent dans les bras de l'un l'autre.

— Nous sommes amis pour la vie !

— Pour la vie ! répètent ils ensemble, les larmes aux yeux.

Tout-à-coup, Pierrot avise une table.

— Buvons un coup à notre amitié.

— Adopté ! bredouille Polichinelle.....

Et ils s'attablent.

Pierrot frappe... pan, pan !— On ne vient pas.

Impatienté, il refrappe plus fort, aidé de son intime qui cogne les les chaises sur le pavé en appelant :

— Ohé la maison..... la boutiqne !

Enfin, un garçon paraît.

PIERROT.— Maraud ! nous faire attendre.

POLICHINELLE.— Des gens comme nous ! il lui flanque un coup de sabot.

PIERROT lui donnant une gifle. — A boire ;... deux bouteilles ! (*le garçon se sauve.*)

— Trois bouteilles ! fait Polichinelle.

— Non, deux, c'est assez.

— Si, trois !

— Je te dis que je n'en veux que deux !

— J'en veux trois, sacrebleu.

— Pif ! — Paf ! (ils se cognent.)
Le garçon revient apportant trois bouteilles.
Pierrot en prend une, boit à même et fait une légère grimace.
Il n'est pas fameux ↑i fait ! il boit le reste d'un trait, puis.....
— Vois-tu, il n'y en a que deux, dit-il.
— Pauvre Pierrot fait Polichinelle, quel plumet !
— Pauvre Polichinelle, pense Pierrot, comme il est dedans.—
Il se verse à boire, et boit à la santé de son ami qui s'endort sur
ₛa bosse de devant et ronfle bientôt comme une toupie d'Allemagne.

SCÈNE III.

Léandre cherchant son valet, l'aperçoit étendu sur la table près
de Pierrot, ivre-mort;— il va à lui et le secoue rudement.
— Grimaces et lazzis de Polichinelle qui s'éveille avec peine.
Enfin, il se lève.
Pierrot voyant Léandre, pense à la bonne journée qu'il a passée.
Il sourit aux idées folichonnes [de mariage... de bouquet virginal,
de Colombine, de lit nuptial et... du reste.
Il se lève et va, en trébuchant, frapper sur l'épaule du marié.
Celui-ci se retourne.
— Hé, hé ! fait Pierrot, avec un regard malin.
— Hein ? dit Léandre qui ne comprend pas.
— Hi, hi ! continue Pierrot, en montrant la maison de Colombine.
Léandre, qui a compris, sourit d'un air vainqueur.
— Polisson, va ! et Pierrot lui donne une poussée, comme s'ils
avaient fait du *lard* ensemble.
Eh ! bien, Monsieur Pierrot, que signifient ces manières-là ? dit
Léandre, d'un air digne.
Pierrot en s'excusant lui vole sa tabatière et lui offre une prise.
Léandre éternue.
Merci, dit pierrot. Et il empoche la tabatière en riant plus fort.
LÉANDRE.— Imbécile ! il ne sait plus ce qu'il fait. Il va se
coucher, suivi de Polichinelle, qui, ayant toutes les peines du monde
à entrer par la porte, jure comme un païen.
Enfin il est entré. On l'entend bredouiller en dedans : bouirri-
bouibouig !..

SCÈNE IV.

Pierrot est resté seul à table, livré à ses idées bachiques et volup-
tueuses. Il rêve du paradis de Mahomet, des houris, etc., etc.
Tout-à-coup, sa figure se contracte...
Il se lève, porte la main à son ventre : — aie !...
Il a la colique, — ce pauvre Pierrot !
Il se tord, se démène, et... cherche à droite, à gauche, sous la
table, partout. .quelque chose qu'il ne trouve pas.
Enfin, pressé, très-pressé, il rentre chez son maître et referme
vivement la porte sur lui.

SCÈNE V.

La nuit est venue.

Arlequin, désespéré comme d'habitude.— Vient soupirer, pleurer et se lamenter sur son sort, — le tout avec force gestes et grimaces, — comme d'habitude.

— C'est dans eette maison que repose la bien-aimée de mon cœur.— Derrière cette fenètre qui vient de s'éclairer, peut-être.

— O ma Colombine chérie ! sucre candi de mon amour ! petit toutou de mon âme ! etc... etc. Me faudra-t-il vivre sans te revoir ! ?

Il envoie des baisers vers la fenêtre.

Puis, — se frottant le front,— oh ! quelle idée !...

Il prend la mandoline qu'il porte en bandoulière, et se met à jouer un air de romance mélancolique.

A ces accents chéris, la fenêtre s'ouvre...

O surprise..... ô désenchantement !

Pierrot paraît sur le balcon.— Il est coiffé d'un bonnet de coton *in-folio*, qui se dresse majestueusement et semble menacer le ciel. Pierrot se détire et baille à se déchirer la machoire. Il tient une chandelle.

ARLEQUIN.— Pierrot !

PIERROT.— Ah ! ça vas-tu me laisser dormir ?

— Mon petit Pierrot, ouvre-moi la porte.

— La porte-moi ? moi ? t'ouvrir la porte ?

— Je t'en prie ! — non ! — je t'en supplie ! — non ! — Pierrot rentre et ferme la fenêtre.

Arlequin monte sur la borne et frappe aux carreaux avec sa batte. Pierrot paraît par la porte, armé d'un manche à balai.

— Mon petit Pierrot !

— Pas d' ça Lisette ! (*il fait un moulinet*).

— Je te donnerai cette bourse.

Combat de Pierrot entre le devoir et la soif de l'or.

Il ouvre des grands yeux, pèse la bourse... fichtre ! — pense-il,— lle est lourde.

Et la faisant sauter d'une main dans l'autre, il va l'empocher !... une fois... deux fois... trois fois...

Il la rend à Arlequin.

— Non, dit-il, non /... vil métal !

Et, de peur de succomber à la tentation, il rentre vivement et referme la porte.

— Que faire ? dit Arlequin désespéré. Si, je pouvais écrire...., pas de plume, pas de lumière. . ah /... Pierrot m'en donnera.

Il jette des pierres dans les carreaux ; Pierrot reparaît sur le balcon.

PIERROT *furieux*.— Veux-tu me laisser tranquille.

L'orchestre joue : *au clair de la lune (air à varier)*.

ARLEQUIN.— « Mon ami Pierrot, prête-moi ta plume »

— Non ! —

— Pour écrire un mot, au clair de la *lune*.

— Non ! —

Et Pierrot rentre.— Arlequin rejette des pierres.

Pierrot rereparaît, armé, cette fois, d'une énorme seringue dont il menace de *faire feu*.

PIERROT.— Ah ! ah ! capon ! je savais bien moi ! et il va se recoucher.

Arlequin ne voyant plus Pierrot, rentre en scène.

Il a trouvé le moyen d'attendrir ce cœur de rocher : c'est de le prendre par l'estomac. La table est le *fort* de Pierrot, en même temps que son faible.

Notre amoureux appelle l'aubergiste. Il lui commande un repas digne de Pierrot et lui recommande qu'il y ait du gigot... à gogo.

SCÈNE VI.

Arlequin fait semblant de manger, et regarde du coin de l'œil si Pierrot peut le voir.

Celui-ci, qui n'a pu se rendormir, ne tarde à reparaître sur le balcon ; il rit encore de la peur d'Arlequin..... il l'aperçoit :

Oh ! oh ! — si j'avais le bras assez long !

Et il dévore les plats et vide les fioles..... des yeux.

Ce pauvre Pierrot est dans l'état de Tantale. Sa colique de tout-à-l'heure lui a donné de l'appétit.

Arlequin, — le rusé, — feint d'entrer dans l'auberge pour un détail de dîner.

Pierrot à son idée ; — il va descendre,— il descend.

Notre amoureux, qui ne l'a pas perdu de vue, va se mettre entre le mur et la porte de Cassandre.

Pierrot ouvre tout doucement cette porte, il regarde.— Ne voyant personne,— il se dirige à pas de loup vers la table.

Arlequin entre chez Léandre.

Pierrot attend une minute... personne ? il prend un gâteau ; — il attend deux minutes... personne ?... il prend un second gâteau qu'il mange à l'écart.

Mais Arlequin ne revient pas, Pierrot va se mettre à table.

Il s'assied, d'abord timidement, sur un des coins du tabouret... puis, se met à son aise, si bien, que petit-à-petit il s'attable complétement, retrousse ses manches, s'attache la serviette au cou,

Et mange comme si le dîner avait été commandé pour lui... *par lui*.

SCÈNE VII.

Cependant, Arlequin, ne connaissant pas les *aîtres* de la maison, est allé tomber dans la chambre de Polichinelle. Celui-ci le prenant pour un voleur l'a saisi au collet et veut, ni plus ni moins, le flanquer par la fenêtre.

Arrivés sur le balcon, l'amoureux se fait reconnaître; — il conte son affaire à Polichinelle qui, moins scrupuleux que Pierrot, accepte une bourse bien garnie et autorise Arlequin à chercher ce qu'il a perdu dans la maison.

SCÈNE VIII.

Polichinelle descendu pour s'aller promener, voit Pierrot attablé jusqu'au cou :

— Cré coquin ! dit-il.

Et, s'approchant tout doucettement de Pierrot, — sans que celui-ci se doute qu'il y a quelqu'un derrière lui, qui s'empare de ses morceaux et vide son verre, il prélude à un repas... à bon marché.

Pierrot regarde à droite... à gauche, et ne voit pas de voleur. Après avoir soupçonné — à tort — le chef d'orchestre et les spectateurs de l'avant-scène, il pense qu'il est ensorcelé.

Néanmoins, il couvre les plats et continue son repas...

Tout-à-coup :

Bouirriboubouig ! bredouille Polichinelle, en lui frappant sur l'épaule.

Pierrot saisi, effrayé, se dresse tout d'un coup, honteux et confus, comme un voleur pris en flagrant délit...il tourne dans tous les sens le morceau qu'il a dans la bouche et levant les yeux, il reconnaît Polichinelle.— Grand soulagement.

— Mauvaise charge ! fait il, d'un air moité faché, demi-riant.

— Un bon dîner ! dit Polichinelle.

— As-tu faim ?— parbleu ! — Pierrot l'invite à partager ce qui reste.— Ils se mettent à table et luttent à qui mangera le plus.

Polichinelle boit davantage; mais, pour manger, son ami lui rendrait des points. (*Lazzis des deux compères*).

Ils ont fini et se préparent à partir.— Pierrot, après s'être essuyé la bouche, a mis la serviette dans sa poche.— Les garçons les arrêtent : — Il faut payer.

Polichinelle fait observer aux garçons qu'il est invité; Pierrot de son côté dit qu'il n'a pas commandé le dîner. —

— Mais vous l'avez mangé.

— Erreur : — et il dit tout bas au garçon que c'est Polichinelle.— Le garçon s'adresse à celui-ci, qui le renvoie à l'autre.— (*Lazzis*).

Las de droguer, les marmitons prennent nos deux gourmands au collet.

On se bat.— Pierrot tire la savate; Polichinelle casse tout... sur le dos des garçons et s'échappe à la faveur du désordre.—Pierrot est pris.

La garde arrive et l'emmène au *violon* malgré ses protestations énergiques.

SCÈNE IX.

Quelques minutes après, on voit Pierrot en prison.

Il regarde à travers ses grilles, la place où il mangeait si bien tout-à-l'heure ; il considère d'un air piteux les noirs barreaux et le factionnaire qu'on a planté là... tout exprès pour lui. — Grand imbécile, va ! — Ah, si je pouvais filer !... et il se met à pleurer.

Le factionnaire, qui se promène toujours de long en large devant la prison, n'a pas l'air de vouloir s'en aller. — Pierrot décroche la lanterne et la lui jette sur la tête : v'lan ! il se frotte les mains en riant.

Le soldat menace Pierrot de son fusil. — (*Lazzis*).

Hé ! là-bas, pas de bêtises... retirez donc votre fusil. Pierrot a une peur atroce :

Un malheur est si vite arrivé !

La sentinelle continue sa faction... l'arme au bras.

Pierrot rassuré examine la guérite, puis il secoue les barreaux de sa fenêtre avec fureur.

O bonheur ! — un des barreaux cède.

Mais, le factionnaire est toujours là.

Notre pauvre prisonnier a beau se gratter la tête... il ne lui vient aucune idée.

SCÈNE X.

Pendant qu'il réfléchit au moyen de s'évader, il aperçoit Arlequin et Colombine qui ont trouvé celui de sortir de chez Léandre : — Malédiction ! — Pierrot est-là, sans armes... il n'a même, pas sa seringue.

Il s'agite, se démène, leur fait des signes.

Les deux amants lui font la nique et se sauvent.

Pierrot se penche en avant pour les appeler ; son barreau qu'il remue, lui fait songer à sa propre liberté.

Et, se résignant. — Chacun pour soi ! dit-il.

— Ce pauvre Léandre qui dort sur ses deux oreilles, pendant que... hi ! hi ! hi ! c'est très drôle. — Au fait, Arlequin est mieux que lui. ... qu'il s'arrange.

Et il secoue son barreau. — Ce sera toujours autant de fait.

SCÈNE XI.

Polichinelle arrive, marchant avec précaution, le factionnaire ne l'aperçoit pas et se promène toujours. Polichinelle lui emboîte le pas et le suit pendant toute la scène.

Voyant la drôle de figure que fait Pierrot derrière sa grille, le vaurien se met à rire.....

A se tordre, à se rouler ;..... bien mieux ,

Il lui fait de pieds de nez,

Lui tire la langue

Et lui conte un tas de boniments très spirituels :

— Blanchot, viens-tu faire une tour de promenade ?

— Donne moi une poignée de main.
— Hi ! hi ! hi ! (*Lazzis de Polichinelle*).
Pierrot l'appelle : mauvais cœur,— Gredin.....— Canaille. ...—
Voleur.....— Brigand... , etc., etc.
Bref, il lui fait franchir tous les dégrés du crime et lui prédit
qu'il mourra sur l'échafaud : — Le malheur nous aigrit !
Ce sans cœur de Polichinelle n'en rit que plus fort. Il ne pense
même pas que Pierrot pourra prendre sa revanche un de ces quatre
matins.
Polichinelle n'est pas méchant, au fond.— Il rit du malheur de
Pierrot, mais c'est histoire de rire, *à preuve* qu'il vient l'aider à sa
sauver.
D'abord il s'approche du factionnaire, le désarme et le rosse.
Celui-ci, se relève et se sauve sans demander son reste.
Polichinelle fait retentir la place de son bredouillement triomphal,
il pose crânement sur sa tête le chapeau du vaincu et se à met faire
l'exercice... (*il couche en joue Pierrot. — Frayeurs de celui-ci*).
Prenant tout-à-fait goût à l'art militaire, le gai compère fait le
simulacre de monter la garde ; et, pour compléter la charge il entre
en riant aux éclats dans la guérite..... l'aimable farceur !
Une idée diabolique traverse le cerveau de Pierrot.
Il pousse du pied le haut de la guérite. Elle tombe et entraine
Polichinelle qui se trouve là dessous comme dans une bière.= Nom
d'un petit bonhomme!... fait-il.
Pierrot retire le barreau qu'il a descellé...
Il saute à terre, le voilà sauvé !....
— Ce pauvre ami ! — dit-il d'un ton ironique.
— Faut-il le délivrer, oui ou non ?— non.
Il va s'en aller... lorsque, mû par un bon sentiment il revient
et, prenant les restes du dîner, il les jette à Polichinelle par *l'oreille*
de la guérite.
Pour se moquer, le cruel boit ce qui restait dans une bouteille
et la lui passe vide.— Polichinelle jure comme païen.
Du bruit ?... Pierrot se sauve.
Polichinelle seul, fait tous ses efforts pour soulever sa boîte.....
Il se donne un mal... un mal !...
Enfin, il y parvient,— se glisse dehors,— se lève,— et.....
Se sauve à son tour.

SCÈNE XII.

Pendant l'évasion de Polichinelle, Léandre et son beau-père ont
paru sur le balcon et sont descendus.
La porte de la maison s'ouvre violemment.
Léandre sort en costume de nuit et tout en désarroi. Cassandre
le suit, une lanterne à la main.
— Colombine..... ma femme ! demande le pauvre mari.
Et il sonne la cloche pour éveiller le village.

Cassandre cherche à calmer, mais il n'y peut parvenir : — Où est-elle ? dit toujours Léandre.

— Cherchons-là.

— Prenez la droite, moi je vais prendre la gauche.

Et Léandre sort par la gauche.

Cassandre qui allait sortir par la droite s'arrête ; il voit venir des soldats qui amènent trois prisonniers :

Arlequin, Colombine et Pierrot..... ce pauvre diable de Pierrot n'a pas de chance.

Une foule de curieux des deux sexes suivent le convoi.

— Ma fille ! — s'écrie Cassandre : — eh bien... c'est du propre, puis, aux soldats : — lâchez-les, dit-il.

— On relâche les deux amans qui prennent aussitôt la fuite.— Tout le monde se met à leur poursuite.

Ici commence une course de coulisse en coulisse jusqu'à la dernière, en traversant chaque fois le théâtre.

On finit par ramener les fugitifs, Cassandre fait rentrer sa fille et l'enferme.

Arlequin désespéré — comme toujours,— s'asseoit sur un banc à droite et réfléchit à son malheur.

SCÈNE XIII.

Cependant, Pierrot n'a pu profiter du tumulte pour s'échapper. Il est encore là, entre *quatre chandelles.*

C'est ainsi qu'il appelle les soldats.

Il leur fait observer que Cassandre a ordonné la mise en liberté des prisonniers.

On lui répond que l'ordonnance ne le concerne pas, et que, d'abord, il faut payer l'aubergiste.

Pierrot paierait bien... s'il avait de l'argent.

Il s'adresse à Cassandre :

Mon bon petit maître ! — Que veux-tu ?

— On ne veut pas me lâcher.— Cassandre fait signe aux soldats de lâcher son valet.

Pierrot lui explique qu'ils veulent de l'argent.

— Eh bien... dit Cassandre, paie.

— Mais je n'ai pas le sou, payez pour moi.

— Moi ? allons donc.....

— Je vous en prie.....

Et la garde veut l'empoigner de nouveau : — Allons, en prison !..

— Attendez, leur dit-il, je vais vous payer. Et s'approchant de son maître, il lui vole sa bourse.

Comme elle est assez bien garnie, Pierrot prend la moité de ce qu'elle contient et l'empoche.

— C'est pour boire, fait-il.

Il demande au caporal combien on veut pour le laisser libre. Celui-ci, pour réponse, lui prend la bourse.

Pierrot est satisfait néanmoins : allez-vous-en, dit il.

La garde s'en va. Pierrot la reconduit, et, entraîné par la force de l'habitude, il donne un coup de pied au caporal.— Oh !— Celui-ci se retourne furieux.— Pierrot le salue *amicablement*, et fait celui qui est étranger à la chose.

SCÈNE XIV.

Léandre revient suivi de Polichinelle.

Ils ont cherché partout et n'ont pas trouvé Colombine.— Cassandre leur dit d'un air courroucé :

— Vous me faites pitié.

— Vous êtes fous ; ajoute Pierrot.

— Compromettre ainsi ma fille, continue Cassandre, et en étendant les bras il donne un soufflet à son gendre et à Polichinelle.

Ce soufflet ricoche et chacun en a sa part.

Cri général : — Oh !

Léandre ahuri, ne comprend rien à ce qui se passe.

— Colombine est chez elle.

— Ah... bah... fait Léandre incrédule.

— Ah... bah... dit Pierrot, se moquant de lui.

— Tenez... (*Cassandre va ouvrir la porte*).

La fenêtre s'ouvre et...

Colombine paraît sur le balcon en deshabillé, se détirant comme si elle venait de s'éveiller.

Le pauvre mari a un poids de moins sur le cœur.

Colombine descendue, reproche à Léandre sa ridicule jalousie; il se jette à ses genoux, confesse ses torts et demande pardon.

Cassandre et Pierrot intercèdent en sa faveur.

Ce dernier,— l'hypocrite, — va jusqu'à se mettre aux genoux de Colombine.

Elle pardonne.— Léandre est enchanté.

Qu'elle est bonne! dit-il.

— Qu'il est bête! mime Pierrot; — et il va avec Polichinelle, rire de l'aventure auprès d'Arlequin.

Mais celui-ci leur tourne le dos.

Excusez ! dit Polichinelle : il n'est pas content... et il s'éloigne en riant comme un double bossu..... qu'il est.

Pierrot se contente de faire cette judicieuse remarque : c'est le trompé qui est joyeux et c'est l'amant heureux qui se plaint.

— Je n'y comprends plus rien..... enfin!

— C'est comme cela, bredouille Polichinelle.

Cependant, la nuit ne durant qu'une heure dans ce pays-là, le jour est venu. Comme il n'y a pas de bonne noce sans lendemain, le papa Cassandre invite les personnes présentes à un petit bal, qui va avoir lieu à l'instant même, en l'honneur de l'*heureux bonheur des heureux* époux.

Le violonneux accorde son crin-crin, les garçons choisissent des danseuses ; on se met en place.

Pendant la ritournelle de la danse, Colombine, s'échappant des bras de son mari pour danser avec Arlequin, laisse tomber son bouquet virginal, Léandre s'élance pour le ramasser. . Arlequin plus alerte, l'a devancé et lui remet le bouquet.

Léandre le rattache lui-même au corsage de son épouse, qui a encore le droit de le porter, — la nuit de noces n'ayant été pour elle qu'une nuit blanche. — D'aillenrs, elle l'a acheté elle même et payé comptant à la fleuriste.

Le quadrille commence.....

Quand tout le monde est bien en train, lorsque Pierrot et Polichinelle sont sur le point de dépasser de trop, les bornes de *la chahut* autorisée par *Mossieu le Maire*, on met le feu aux flammes de bengale, ce qui donne une certaine clarté au dénouement de la pièce.

Et la toile tombe.

JULES CHOUX

FIN

(Tiré à 100 exemplaires)

(1855). *Lille. Imp. Guermonprez, place de la Mairie, 11.*